अधूरा सा मैं

कुछ यादें, कुछ अफ़्सानें, और मैं...

Manjot Singh

BookLeaf Publishing
India | USA | UK

Made with ❤ on the BookLeaf Publishing Platform
www.bookleafpub.in
www.bookleafpub.com

Dedication

ये किताब एक ऐसे वक़्त के नाम,
जिसका नाम कभी नहीं लिया,
मगर जिसका असर हर लफ़्ज़ पर रहा।

उस शाम के नाम,
जो हर रोज़ की तरह आई थी,
मगर लौटते हुए बहुत कुछ साथ ले गई थी।
उस शख़्स के नाम,
जिससे ज़्यादा किसी से जुड़ने की कोशिश दोबारा नहीं की।

कुछ रिश्ते मुकम्मल नहीं होते,
पर उनके अधूरेपन में ही पूरी ज़िंदगी बस जाती है।
और कुछ जज़्बात –
वो बस इसीलिए काग़ज़ पर उतरते हैं,
क्योंकि उन्हें किसी से कह नहीं सकते।

अगर इन पन्नों में कहीं आपको भी
अपनी कोई कहानी छुपी हुई लगे,
तो समझिए, शायद हम दोनों
कभी एक जैसे किसी मोड़ से गुज़रे थे।

Preface

कुछ लफ़्ज़ सिर्फ़ कहने के लिए नहीं होते –
वो लिखे जाते हैं जब दिल जवाब देना बंद कर देता है।

ये किताब, किसी एक कहानी की नहीं है।
ये उन लम्हों की थाती है जो बीत गए,
मगर कभी ख़त्म नहीं हुए।
ये उन जज़्बातों की आवाज़ है,
जो अक्सर दिल के अंदर गूंजते हैं
पर बाहर नहीं आते।

यहाँ कुछ अधूरी ग़ज़लें हैं, कुछ पूरे हुए ख्वाब भी।
कुछ ऐसी यादें हैं जो वक्त के साथ मिटनी थीं –
पर ना मिट सकीं।
कहीं किसी की कमी है,
कहीं ख़ुद से भी मुलाक़ात।

मैं नहीं जानता कि इन पन्नों में क्या तलाशोगे,
मगर अगर किसी मोड़ पर तुम्हारा दर्द मेरी स्याही से टकरा जाए,
तो ये समझ लेना –
कि ये किताब लिखना मेरी ज़रूरत नहीं थी,
बस एक कोशिश थी –
ख़ामोशियों को समझाने की।

Acknowledgements

कभी-कभी कुछ किताबें यूँ नहीं लिखी जातीं —
बल्कि ज़िंदगी के कुछ हिस्से बस धीरे-धीरे काग़ज़ पर उतर आते हैं।

इस सफ़र में मैंने किसी से ज़्यादा मुलाक़ात नहीं की,
पर जो लोग इस किताब में कहीं ना कहीं मौजूद हैं —
उनकी मौजूदगी के लिए शुक्रगुज़ार हूँ।
कुछ ने साथ दिया,
कुछ ने साथ छोड़ दिया —
और दोनों ही इस किताब के बनने में बराबर के हिस्सेदार हैं।

उन ख़ामोश लम्हों का भी शुक्रिया,
जिन्होंने शोर से ज़्यादा कुछ सिखाया।
उन अधूरी बातों का, जो शायद कभी पूरी नहीं होंगी —
पर उन्हीं ने ये लफ़्ज़ मुकम्मल किए।

और उन सब पाठकों का —
जो इसे पढ़ते हुए कहीं रुकें,
कुछ महसूस करें,
या सिर्फ़ चुपचाप आगे बढ़ जाएं —
आपका वजूद ही इस किताब को ज़िंदा रखेगा।

1. जब कहानी अपनी लिखूंगा...

जब कहानी अपनी लिखूंगा,
तेरे किरदार का हिस्सा लिखूंगा,
मैं अपने हर शेर में तेरा क़िस्सा लिखूंगा...

तेरे होंठों की ख़ामोशी को,
तेरी आँखों का पैग़ाम लिखूंगा,
जो तू कह न सका उम्र भर,
वो हर लफ़्ज़ में बेबाक लिखूंगा।

तेरे साथ गुज़री हर शाम को,
मैं सितारों का रिश्ता लिखूंगा,
जो बातें थीं सिर्फ़ तेरे और मेरे दरमियान,
वो सब राज़ों सा लिखूंगा।

ना था तू मेरा, ना हो सका,
पर तुझे अपना लिखूंगा,
जो मिला था जुदाई में,
वो प्यार से गहरा लिखूंगा।

तू कहीं भी हो, जहां भी हो,

मैं तुझे हर सूरत लिखूंगा,
हर दर्द में तू, हर शब्द में तू,
तुझे हर सूरत लिखूंगा।

जिन यादों ने मुझे तोड़ दिया,
उन्हें महफ़िल का गहना लिखूंगा,
और जो रोया था मैं तन्हा रातों में,
उस आँसू को शायराना लिखूंगा।

जब कहानी अपनी लिखूंगा,
तेरे किरदार का हिस्सा लिखूंगा,
मैं अपने हर शेर में तेरा क़िस्सा लिखूंगा...

2. लफ़्ज़ अधूरे, किस्से अधूरे...

कई अधूरी कहानियों का,
हिस्सा रहा हूँ मैं,
कमबख़्त मुझे कुछ,
ख़त्म करना ही नहीं आता...

हर बार किसी मोड़ पे छूट गया हूँ,
कभी वक़्त, कभी लोग बदल गए,
मैं हर दफा वहीं रुका रहा,
मगर मंज़िल के नक्शे बदल गए।

जो भी आया ज़िंदगी में,
कुछ ना कुछ छोड़ गया,
मैं ख़ुद को ही ढूँढता रहा,
और वो मुझे तोड़ गया।

लबों पे रहे अल्फ़ाज़ अधूरे,
दिल में सुलगती रही बात अधूरी,
मैं कहता भी तो क्या कहता,
हर दास्तां रही है आधी-पूरी।

कभी किसी की हँसी में जिया,
तो कभी किसी के आँसू में डूबा,
मैं रिश्तों की हर बारिश में भीगा,
मगर हर बार अकेला ही सूखा।

मैं हर ख्वाब को सच समझ बैठा,
हर झूठ को प्यार सा बरत लिया,
अब कोई शिकवा नहीं है किसी से,
बस ख़ुद को ही हर बार हराया।

अब तो बस यूँ ही जी रहा हूँ,
एक रेखा सा अधूरा चित्र हूँ,
कोई रंग भरने आया भी तो,
मैं ही अपना नक्शा बिगाड़ बैठा हूँ।

कई अधूरी कहानियों का,
हिस्सा रहा हूँ मैं,
कमबख़्त मुझे कुछ,
ख़त्म करना ही नहीं आता...

3. एक आख़िरी ख़त...

मेरे मरने के बाद मुझे ख़त लिखना,
लिखना नाम गुमनाम कोई,
जो पढ़ने वाला शख़्स हुआ,
नाम दे देना उसे बदनाम कोई।

जो लिखने ही लगे हो, तो लिख देना,
मेरे बारे में, ताने तमाम कोई,
कि मैं क्या था, कैसा था,
सिर्फ़ अफ़सोस ना करना, इल्ज़ाम कोई।

तसव्वुर में भी मेरी याद आए अगर,
तो उसे भी समझ लेना वहम कोई,
मैं तो जीते जी ही मर गया था,
कह देना ये भी पैग़ाम कोई।

जो मैं चुप रहा, तो मजबूरी समझ लेना,
मुझे सज़ा मिली थी बेज़ुबान कोई,
मैं अल्फ़ाज़ में नहीं था शायद कभी,
थी बस साँसों में दबी एक जान कोई।

मेरी तस्वीर पे अगर फूल रखो,
तो नक़ाब ना हटे ,कहीं ले चेहरा पहचान कोई,
मैं जिस साए में जीता रहा,
था शायद मेरी परछाई में ही तूफ़ान कोई।

मेरे मरने के बाद मुझे ख़त लिखना,
लिखना नाम गुमनाम कोई..

4. कोई ख़ता कर गया क्या?

कोई ख़त नहीं आता उसका अब,
कोई ख़ता कर गया क्या?
जो रास्ते ना मिल पाए,
गुम पता कर गया क्या?

हर लफ़्ज़ था जो उसका कभी,
अब ख़ामुशी में ढल गया क्या?
जिस बात पे वो रूठा था,
वो दिल से निकल गया क्या?

कभी जो हवा में ख़ुशबू थी,
वो मौसम बदल गया क्या?
जिस नाम को दिल ने पूजा था,
वो नाम फिसल गया क्या?

कहीं डाकिया तो नहीं मरा,
या रास्ता बदल गया क्या?
या उसने ही अब मुझसे,
बात करना छोड़ दिया क्या?

वो चिट्ठियाँ जो आती थीं रोज़,
अब ख्वाबों में खो गई क्या?
या मेरी मोहब्बत ही शायद,
किसी मज़ाक में खो गई क्या?

5. हर सवाल का जवाब नहीं होता

हर सवाल का,
जवाब नहीं होता,
जो आँखें खोल कर देखा जाए,
वो लक्ष्य हो सकता है,
पर ख़्वाब नहीं होता।

यूँ तो दिन में हज़ारों से मिलना,
और कितनों के साथ उठना-बैठना है हमारा,
पर चंद पलों की मुलाक़ात,
उम्र भर का साथ नहीं होता।

हर हँसी जो लबों पे आती है,
वो दिल से निकलती हो ज़रूरी नहीं,
हर रिश्ता जो दिखता है मज़बूत,
वो वक़्त की मार सह पाए – ज़रूरी नहीं।

कुछ बातें अधूरी ही ठीक हैं,
हर दास्तां को किताब नहीं होना चाहिए,
जो सुकून दे खामोशी में भी,
हर ऐसी बात को आवाज़ नहीं होना चाहिए।

हर एहसान में छुपी नहीं होती मोहब्बत,
और हर दूरी में बेवफाई नहीं होती,
कुछ लोग बस वक़्त के मुसाफिर होते हैं,
जिन्हें रोकने की कोई वजह नहीं होती।

हर सवाल का जवाब नहीं होता,
कुछ ज़ख़्म सिर्फ़ महसूस होते हैं,
उनका कोई हिसाब नहीं होता...

6. तुम जैसे गुलाब से...

अब भी रूह काँप जाती है,
तुम्हारे ख़्वाब से,
हमारा तो गुलशन ही परेशान है,
तुम जैसे गुलाब से।

ना महक रही थी ना चुभ रही थी,
कह दो, क्या चाहता था वो?
तन्हा भी कर गया हमें,
और जुदा भी किसी हिसाब से।

वो लहज़ा, वो हँसी, वो बातें,
अब भी जलती हैं नींदों में,
हर रात की आँखें भींग जाती हैं,
बस एक बेमौसम अज़ाब से।

वो चाहता तो कुछ भी कह सकता था,
मगर खामोशियाँ बुनता रहा,
हम टूटते रहे हर रोज़,
किसी नक़ली जवाब से।

वो जो फूल समझ बैठे थे हम,
वो काँटे निकले बेहद ख़ास,
अब ख़ून भी मुस्कुराता है,
हर बार उस हिसाब से।

अब भी रूह काँप जाती है,
तुम्हारे ख़्वाब से,
हमें इल्ज़ाम ना दो,
हम बस बचे हैं – बेहिसाब से।

7. बस वो ही ना मिला...

एक चाहा था जिसको, बस वो ही ना मिला,
वरना हाथों की लकीरों में क्या ना लिखा था।

हर मोड़ पे माँगी थी उसकी ही मौजूदगी,
दुआओं में भी नाम उसका ही रखा था।

वो मिला तो था, पर मुकम्मल ना हो सका,
कभी वक़्त रूठा, कभी फासला बड़ा था।

कदम तो बढ़े थे उसी की तरफ हर बार,
पर हर दफ़ा उसने रास्ता ही बदल दिया था।

शायद किस्मत को हमारी मोहब्बत मंज़ूर ना थी,
वरना इश्क़ तो हमने भी बेशर्त निभा दिया था।

एक चाहा था जिसको, बस वो ही ना मिला,
वरना हाथों की लकीरों में क्या ना लिखा था।

8. तेरी बेवफ़ाई की आख़िरी कहानी...

लिखने बैठा हूँ, तो लिख दूँगा,
तेरी ही बेरुख़ी की कहानी,
थोड़ी अधूरी, बहुत ही ज़हरीली,
छुपी थी जिसमें तुझे खो देने की रवानी।

हर वक़्त तुझे खुदा बना कर पूजा,
अब लगती है वो भी मेरी नादानी,
तू हँसती रही मेरी चाहत पे,
और मैं ढूँढता रहा तुझमें अपनी निशानी।

तेरी हर बात में एक चाल थी छुपी,
तेरी हर मुस्कान में थी सियासी मेहरबानी,
मैं टूटा नहीं, बस थक गया हूँ अब,
हर रोज़ जीने की थी जैसे सज़ा पुरानी।

ना तू रूठी, ना मैंने मनाया तुझे,
बस वक्त ने कर दी अपनी मनमानी,
अब लिख रहा हूँ मैं सच्चाई से तुझे,
तेरी बेवफ़ाई की आख़िरी कहानी।

9. हर रोज़ का नुक़सान...

मैं अक्सर सोचता हूँ,
कि चलो कुछ समय के लिए,
उन्हें याद कर लेता हूँ,

और ऐसे ही मैं सारा दिन,
बर्बाद कर लेता हूँ।

वो बात जो अधूरी रही,
हर रोज़ उसे फिर से पढ़ लेता हूँ,
कभी तस्वीर में, कभी ख्यालों में,
उनसे फिर बात कर लेता हूँ।

ना कोई शिकवा, ना कोई गिला,
बस चुपचाप सब सह लेता हूँ,
जो कहना हो दिल से उन्हें,
कभी ख़ुद से ही कह लेता हूँ।

ज़िंदगी तो चल रही है यूँ,
मगर मैं हर मोड़ पर रुक लेता हूँ,
जहाँ उन्होंने कभी अल्फ़ाज़ छोड़े थे,

मैं वही पन्ना पलट लेता हूँ।

मैं अक्सर सोचता हूँ,
कि चलो कुछ समय के लिए,
उन्हें याद कर लेता हूँ,
और ऐसे ही मैं सारा दिन,
बर्बाद कर लेता हूँ।

10. तेरे बाद...

नींद आने से पहले ही सो जाता हूँ अब,
तेरे बाद मुझे किसी चीज़ का इंतज़ार नहीं।

ना वो दस्तकें, ना आवाज़ें बाकी हैं,
अब दिल को किसी भी ख़बर का इख़्तियार नहीं।

वो जो चुपके से मुस्कुरा देती थी कभी,
उस हँसी में अब मेरा कोई हक़दार नहीं।

तन्हाई अब भी साथ चलती है मगर,
अब उसके जाने का कोई असर बार-बार नहीं।

बचपन की तरह लौट जाऊँ उस मोड़ पर,
अब ख़्वाबों में भी वैसा कोई इकरार नहीं।

तू मिले या ना मिले, अब फ़र्क़ क्या,
तेरे जैसा कोई भी अब मुझे दरकार नहीं।

नींद आने से पहले ही सो जाता हूँ अब,
तेरे बाद मुझे किसी चीज़ का इंतज़ार नहीं।

11. लोग कहते हैं...

मुझे तोड़ा था उसने,
तब भी इतने प्यार से,
और लोग कहते हैं,
उसे मुझसे मोहब्बत नहीं।

हर बात में उसका ज़िक्र,
हर ख्वाब में उसका असर,
अगर ये इश्क़ नहीं,
तो फिर इसे कहते हैं आदत नहीं?

मेरे आँसुओं से उसने,
अपनी आँखें भी भिगोई थीं,
तो कैसे मान लूँ,
कि उसे मेरी चाहत नहीं?

वो जो हर दफा खामोश रहा,
मगर आँखों में कहानियाँ थीं,
शायद अल्फ़ाज़ों से डरता था,
मगर जज़्बातों में कसरत नहीं।

अब लोग समझाते हैं,
कि भूल जा उसे,
जिन्हें इश्क़ की गहराई का
ज़रा भी इल्म-ओ-संस्कार नहीं।

मुझे तोड़ा था उसने,
तब भी इतने प्यार से,
और लोग कहते हैं,
उसे मुझसे मोहब्बत नहीं।

12. अल्फ़ाज़ खो बैठे...

इक झलक जो तेरी देख ली,
मैं वो अल्फ़ाज़ खो बैठा,
जो मेरे हालात बयां कर देते।

लब खामोश रहे मगर आँखें,
तेरे नाम सौ पैग़ाम बयां कर देते।

कभी तेरी हँसी, कभी तेरा सुकून,
ज़िंदगी के सारे इल्ज़ाम बयां कर देते।

तू जो करीब होता तो शायद,
हम भी कभी अपना नाम बयां कर देते।

अब तो खामोशी का ही सहारा है,
वरना हम भी हर जख्म बयां कर देते।

इक झलक जो तेरी देख ली,
मैं वो अल्फ़ाज़ खो बैठा,
जो मेरे हालात बयां कर देते।

13. ज़ख्म कुरेद लेता हूँ...

जब कभी लगता है कि भूलने लगा हूँ तुम्हें,
मैं फिर उन लम्हों को याद करके ज़ख़्म कुरेद लेता हूँ।

वो बात-बात पे मुस्कुराना, वो बात-बात पे रूठना,
हर मुस्कान के पीछे का दर्द मैं धीरे-धीरे छेद लेता हूँ।

तेरी ख़ामोशियों में भी जो शोर था, वो अब भी सुनाई देता है,
मैं हर तन्हाई में तेरा ही इक चेहरा तलाश लेता हूँ।

जो तेरा नाम कभी दुआओं में लिया करता था,
अब उसी नाम से हर रोज़ खुद को सज़ा दे देता हूँ।

कहने को तो चल पड़ा हूँ ज़िंदगी के सफ़र पर,
मगर हर मोड़ पर तेरा ही पता पूछ लेता हूँ।

जब कभी लगता है कि भूलने लगा हूँ तुम्हें,
मैं फिर उन लम्हों को याद करके ज़ख़्म कुरेद लेता हूँ।

14. हक़ीक़त-ए-ज़िंदगी...

जो कभी मिला मैं तुम्हें ख़्वाबों के शहर में,
मुझे गुमनाम रहने देना, सुना है हक़ीक़त-ए-ज़िंदगी रुलाती बहुत है।

मैं जो हँसता दिखूं, मत समझना ख़ुश हूँ,
अंदर की आवाज़ें, चुप रह कर तड़पाती बहुत हैं।

तुम जो नज़रों से गिरा दोगे एक दिन,
वो यादें फिर भी दिल को सताती बहुत हैं।

ये जो वक़्त है, थोड़ा बेरहम सा है शायद,
पुरानी बातों की सज़ा, आज भी दिल को दिलाती बहुत है।

मैं छुपा लूंगा अपना दर्द, तेरी हँसी की ख़ातिर,
वरना मोहब्बत की ये ख़ामोशी, सुनने वालों को रुलाती बहुत है।

जो कभी मिला मैं तुम्हें ख़्वाबों के शहर में,
मुझे गुमनाम रहने देना, सुना है हक़ीक़त-ए-ज़िंदगी रुलाती बहुत है।

15. हर बुधवार की बात...

इक दुनिया, जो इस दुनिया से बिलकुल अलग होगी,
उसमें तो तुम मेरे पास आओगे ना?

जो साथ इस दुनिया में ना हम निभा सके,
उस दुनिया में तो निभाओगे ना?

जो वादे हर बुधवार को मिलने के किए थे हमने,
तब उस दुनिया में, हर बुधवार को मुझे मिल पाओगे ना?

जो किसी मंदिर, मस्जिद, गुरुद्वारे के बाहर से हम साथ निकलेंगे तब,
उस दुनिया में तुम मेरा हाथ थाम कर अंदर जाओगे ना?

जहाँ ना हो कोई रुकावट, ना कोई नाम, ना कोई बंधन,
उस ज़मीन पे तुम अपना नाम मेरे नाम के साथ जोड़ोगे ना?

जहाँ ना हो डर किसी के देख लेने का,
वहाँ आँखों में आँखें डाल कर मुस्कराओगे ना?

जो अधूरी सी कहानी रह गई थी यहाँ,
उस दुनिया में उसे अंजाम तक ले जाओगे ना?

इक दुनिया, जो इस दुनिया से बिलकुल अलग होगी,
उसमें तो तुम मेरे पास आओगे ना?

16. तेरी बनाई वो दुनिया...

तेरी बनाई उस दुनिया में, कभी मेरा हिस्सा आएगा क्या?
जो कभी दोस्तों में बैठ कर अपनी कहानी सुनाओगी, मेरा क़िस्सा आएगा क्या?

याद करोगी जब लम्हे हमारे, कोई लम्हा तुम्हें सताएगा क्या?
हँसते हुए जब तन्हा हो जाओगी, मेरा नाम लबों पर आएगा क्या?

जो तस्वीरें तुमने मिटा दी थीं, वो दिल में दोबारा उभरेगी क्या?
जिस गली से हम गुज़रे थे कभी, वहाँ से गुज़रना अब भी डराएगा क्या?

जब कोई पूछेगा सबसे करीब कौन था,
तब तू दिल पे हाथ रखकर, मेरा ज़िक्र कर पाएगी क्या?

जो दुआओं में अब किसी और का नाम है,
क्या उस दुआ के पीछे मेरा साया छुपा पाएगी क्या?

तेरी बनाई उस दुनिया में, मेरा कोई हिस्सा आएगा क्या?
जो तुम ख़ुद से सवाल करोगी, क्या मेरा जवाब आएगा क्या?

17. हमारे बाद का अफ़साना...

जिस तरह,
फोन के दूसरे ओर से फूट-फूट के रोते हो,
हमारे अलग होने के ख़याल से,

उस क़यामत के दिन भी,
तुम मेरे गले लग कर ऐसे ही रो दोगे।

जिन लफ़्ज़ों को आज तुम छुपा लेते हो,
क़ब्र की मिट्टी पर शायद वो भी खो दोगे।

जो वक़्त ना दे सका हमें इस जहाँ में,
क़सम उस रब की, अगली दुनिया में दोगे।

हमने जो अधूरे वादे किए थे कल,
क्या तुम उन्हें जन्नत में पूरा कर दोगे?

जिस तरह,
फोन के दूसरे ओर से फूट-फूट के रोते हो,
हमारे अलग होने के ख़याल से...

उस क़यामत के दिन भी,
तुम मेरे गले लग कर ऐसे ही रो दोगे।

18. कुछ तो होगा दरमियाँ...

यूँ रात को ख़्वाबों में हमारे मिलने के पीछे कोई वजह होगी,
कुछ तो होगा तुम्हारे-हमारे दरमियाँ?

शायद लफ़्ज़ों में ना कह सके जो,
दिल ने छुपा रखा है वो हर फ़साना दरमियाँ।

वो चुप्पी, वो नज़रें, वो लम्हों की सरगोशियाँ,
कुछ तो हैं इन ख़ामोशियों में भी अफ़साना दरमियाँ।

ना तू पूरी तरह जुदा हुआ, ना मैं मुकम्मल हो सका,
कहीं तो अब भी ज़िंदा है एक रिश्ता पुराना दरमियाँ।

वक़्त ने छीन लिए अल्फ़ाज़ भी, सवाल भी, जवाब भी,
मगर बचा रह गया वो अधूरा सा फसाना दरमियाँ।

यूँ ही नहीं हर रोज़ ख़्वाबों में तू मुस्कुराता है,
लगता है अब भी कुछ बाक़ी है निभाना दरमियाँ।

19. इक याद तेरी...

मैंने सारी ज़िंदगी निकाल दी बेसबरी में,
इक इश्क़ तेरा, इक याद तेरी – मुझसे सब्र सिखा गई।

हर मोड़ पर जिसने किया था सवाल मेरा वजूद क्या है,
तेरी एक ख़ामोश नज़र, मुझे मेरा मक़सद बता गई।

जो लफ़्ज़ों में कभी ना कह सका मैं अपनी उलझनें,
तेरे जाने के बाद वो तन्हाई सब कुछ समझा गई।

मैं दौड़ता रहा दुनिया के पीछे, जीने की होड़ में,
तेरी यादों की धीमी चाल – मुझे रुकना सिखा गई।

जिसे मैं समझा करता था कमज़ोरी अपनी,
वही मोहब्बत तेरी – मुझे मज़बूती सिखा गई।

मैंने सारी ज़िंदगी निकाल दी बेसबरी में,
इक इश्क़ तेरा, इक याद तेरी – मुझसे सब्र सिखा गई।

20. इक तस्वीर...

पल-पल की बात छोड़ो, चलो ज़िंदगी भर साथ निभाते हैं,
इक तस्वीर तुम्हारी और मेरी, हमारे घर में लगाते हैं।

छोटी-छोटी बातों में ना हो शिकवे कोई दरमियाँ,
चलो मोहब्बत के हर रंग को मुस्कुरा के अपनाते हैं।

ना हो कोई वादा अधूरा, ना हो कोई ख़्वाब अधूरा,
जो दिल कहे चुपके से, चलो वो भी सजा जाते हैं।

शाम ढले जब थक कर लौटे दिन का हर मुसाफ़िर,
हम तुम एक-दूजे का हाथ थाम कर ग़ज़लें सुनाते हैं।

कभी लड़ें, कभी रूठें – मगर जुदा ना हों किसी मोड़ पर,
चलो इश्क़ को हर मौसम में थोड़ा और सजाते हैं।

पल-पल की बात छोड़ो, चलो ज़िंदगी भर साथ निभाते हैं,
इक तस्वीर तुम्हारी और मेरी, हमारे घर में लगाते हैं।

21. मैं नहीं लिखता, ज़िंदगी लिखवाती है...

जो लिखने बैठते हैं शायर, वो कितना ही लिख पाते होंगे?
हम तो जितना भी लिखते हैं, ज़िंदगी लिखवाती है।

कभी तन्हाई, कभी रुसवाई, कभी उलझनों की बात,
हर मिसरे में कोई बीती सदा छुप कर आ जाती है।

क़लम हमारी दोस्त है, और काग़ज़ कोई अजनबी,
हर लफ़्ज़ में इक दास्तान खुद-ब-ख़ुद बन जाती है।

हमने तो बस दिल की आवाज़ को लफ़्ज़ों में ढाला,
बाक़ी तो तक़दीर ही हर हर्फ़ में लिखवाती है।

कभी इश्क़, कभी ग़म, कभी खुद से गुफ़्तगू,
हम नहीं लिखते—ये तो बस ज़िंदगी लिखवाती है।

www.ingramcontent.com/pod-product-compliance
Lightning Source LLC
La Vergne TN
LVHW050825051026
849532LV00008B/3125
* 9 7 9 8 8 9 8 6 5 3 4 3 9 *